MW00895889

Que mangent les animaux polaires?

Melvin et Gilda Berger

Texte français d'Alexandra Martin-Roche

Éditions
SCHOLASTIC

Catalogage avant publication de Bibliothèque et Archives Canada

Berger, Melvin

Que mangent les animaux polaires? / Melvin et Gilda Berger ;
texte français d'Alexandra Martin-Roche.

(Lire et découvrir)
Traduction de: What polar animals eat?
Pour les 4 à 6 ans.
ISBN 978-0-545-98281-8

1. Animaux--Alimentation--Régions polaires--Ouvrages pour la
jeunesse. 2. Animaux--Régions polaires--Ouvrages pour la jeunesse.
I. Berger, Gilda II. Martin-Roche, Alexandra III. Titre.
IV. Collection: Lire et découvrir

QL104.B4714 2010   j591.75'86   C2009-904529-X

Photographies : Couverture : Steven Kazlowski / Peter Arnold, Inc.; p. 1 : Patricio Robles
Gil / Sierra Madre / Minden Pictures; p. 3 : Daniel J. Cox / Natural Exposures; p. 4 : Jim
Greenfield / Image Quest 3-D; p. 5 : I Everson / WWI / Peter Arnold, Inc.; p. 6 : Norbert
Wu 2 / Peter Arnold, Inc.; p. 7 : Kim Heacox / Peter Arnold, Inc. p. 8 : Sue Flood / Nature
Picture Library; p. 9 : Norbert Wu / Minden Pictures; p. 10 : Fred Bruemmer / Peter
Arnold, Inc.; p. 11 : Daniel J. Cox / Natural Exposures; p. 12 : Jeff Foott / PictureQuest;
p. 13 : Klein / Hubert / Peter Arnold, Inc.; p. 14 : Gordon Wiltsie / Getty Images; p. 15 : Patrick
Frischknecht / Peter Arnold, Inc.; p. 16 : Steven Kazlowski / Peter Arnold, Inc.

Recherche de photos : Dwayne Howard

Copyright © Melvin et Gilda Berger, 2006.
Copyright © Éditions Scholastic, 2010, pour le texte français.
Tous droits réservés.

Il est interdit de reproduire, d'enregistrer ou de diffuser, en tout ou en partie,
le présent ouvrage par quelque procédé que ce soit, électronique, mécanique,
photographique, sonore, magnétique ou autre, sans avoir obtenu au préalable l'autorisation
écrite de l'éditeur. Pour toute information concernant les droits, s'adresser à Scholastic Inc.,
557 Broadway, New York, NY 10012, É.-U.

Édition publiée par les Éditions Scholastic, 604, rue King Ouest, Toronto (Ontario) M5V 1E1

5 4 3 2 1   Imprimé au Canada 120   10 11 12 13 14

© Sources Mixtes
Groupe de produits issu de forêts
bien gérées, de sources contrôlées
et de bois ou fibres recyclés.
www.fsc.org Cert no. SW-COC-002520
© 1996 Forest Stewardship Council
FSC
2%

L'océan est une source de nourriture
pour beaucoup d'animaux polaires.

Les poissons se nourrissent de
minuscules crustacés...

Info-animaux
Le krill ressemble à de
petites crevettes.

qu'on appelle le krill.

Les phoques mangent surtout du krill et des poissons.

Info-animaux

Les manchots mettent de la nourriture directement dans la bouche de leurs petits.

Les manchots se nourrissent aussi de krill et de poissons.

Info-animaux

Les grandes baleines bleues mangent plus de quatre tonnes de krill par jour!

Les grandes baleines bleues mangent du krill.

Les épaulards se nourrissent
de phoques et de pingouins.

Les ours polaires mangent surtout des phoques et des poissons...

et les morses, des crabes
et des myes.

Info-animaux
Une meute de loups peut attraper le plus gros caribou.

Les loups arctiques mangent surtout des caribous...

et les renards arctiques, des lièvres arctiques et des oiseaux.

Les lièvres arctiques mangent
seulement des plantes...

Info-animaux

Le caribou raffole d'une plante en particulier : le lichen.

et les caribous en mangent beaucoup.

Les ours polaires mangent presque n'importe quoi!